THIS NOTEBOOK
BELONGS TO:

_____

_____

_____

_____

FERANMI & MORE

ESTD 2022

STATIONARY

SUBJECT:

DATE: /   /

SUBJECT:

DATE: /   /

SUBJECT:
DATE: /   /

SUBJECT:
DATE: /   /

SUBJECT:
DATE: /   /

SUBJECT:

DATE: /   /

SUBJECT:
DATE: /   /

Made in United States
Troutdale, OR
03/14/2024

18453614R00070